이제 너를 놓쳐도 되겠습니까

조선의 시집

시와사람

ⓒ 조선의, 2025
이 책의 저작권은 저자에게 있습니다.
저작권에 의해 보호를 받는 저작물이므로
출판사와 저자의 허락 없이 무단 전재와 복제를 금합니다.

이제 너를 놓쳐도 되겠습니까

■시인의 말

살아오는 동안
많은 누를 끼쳤다.
말을 떠난 표정이
아직까지도 무거운 것은
다 버리지 못한
마음의 찌꺼기 때문일까.
숨겨두었던 비밀 하나도
어쩌면 허상이었다.
돌아오는 오늘마다
내 마음 사용설명서를
꺼내 본다.

2025년 11월
조선의

이제 너를 놓쳐도 되겠습니까 / 차례

시인의 말 · 9

제1부

초기화를 위한 가이드라인　14
운주사 석불좌상　16
옹이의 독백　18
이제 너를 놓쳐도 되겠습니까　20
경쟁과 각축　22
대추 한 알　24
부석사 목어　26
이제 나를 누구냐고 묻습니다　28
벚꽃 외상　30
회전문　32
정리해고　34
무장무장 깨어나는 월출산　36
공갈빵　38
무골의 뼈　40
뺄셈에 능숙한 어머니　42

제2부

- 46 무궁화꽃이 피었습니다
- 48 창밖의 헤테로토피아
- 50 서창 노을
- 52 아라비카
- 54 삼삭형 굴리기
- 56 친밀한 나와 막연한 無我
- 58 땡감
- 60 따로 또 둘이서
- 62 배타적 양면성
- 64 지문꽃 메밀꽃
- 66 우수한 건망증
- 68 박과 달
- 70 말맛 살구
- 72 살얼음
- 74 백련사 백일홍
- 76 친밀한 항쟁

제3부

생의 회문　80
선운사 꽃무릇　82
고공 이사　84
봄까치꽃　86
불갑사 꽃무릇　88
마지막 객지　90
꽁지발 보리밭　92
먼 길 가깝게 죽녹원　94
무각사 홍매화　96
꼬리를 감추는 사유　98
내 마음의 간이역　100
리셋 버튼　102
목련꽃, 날다　104
파수꾼　106
생존전략　108

제4부

112 연리지

114 광풍각

116 장마전선

118 양파 싹

120 좀 성의 있는 딴청

122 눈싸움

124 목구멍의 힘

126 일교차에 걸려든 감기

128 사라진 얼굴

130 장바구니

132 어쩌자고 눈치코치

134 빗나가는 예감

136 현타

138 안전하게 고립되는 마임

140 천지연폭포

142 계단 노마드

이제 너를 놓쳐도 되겠습니까

제1부

초기화를 위한 가이드라인

실시간 일기 예보에 따라 레이더영상이 바뀐다

후드득 떨어지는 장대비에
다급하게 승용차 트렁크를 열어보니
가지런한 두 개의 우산

양손에 크고 작은 우산을 받쳐 들고
지근거리에 있는 약속 장소로 향했다

내 나름, 뜻밖의 기발한 시도였음에도
꼴좋게 몽땅 비를 맞고 말았다

박쥐우산과 비닐우산이 서로 겹치는 틈을 이용해
돌연 주인을 향해 공격자로 돌변한 것

둘 중 하나의 우산을 포기한 후에야
세찬 빗줄기로부터 안전하게 되었다

무기력하게 한발 물러선 나는
재빠르게 권한 남용을 인정하고

주종 간에 납득할 만한 협의사항을 만들었다

우산의 주권은 사용자에게 있고
비 오는 날에는 오직 하나의 우산으로부터 보호받는다는

다만 부지중에 분실하기 전까지
규정은 바뀌지 않는다는 내용

언제 그랬냐는 듯이 비는 그치고
멋쩍게 피식 실소를 머금은 나는
낭패한 실패를 접어 트렁크에 보관했다

쌍무지개 뜨는 언덕을 배경으로
한순간 착각했던 데이터의 오류를 초기화한다

운주사 석불좌상

이렇게 오래 죽은 듯 붙들려 살았으니
외로움을 들먹일까

저 못생긴 석불은
지긋지긋한 번뇌를 털어내고자
자신의 머리통을 날려버리고 싶었을까

단단한 돌에서 다 꺼내지 못한 표정이 있는 줄 모르고
지질히 못 생겼다는
뻔한 농담이 귓전을 스친다

까칠한 성질머리가 내 성정이었을까요

왜 아직 거기 있느냐고 아무도 묻지 않는 사이
떠나온 적 없는 과거가 발끝에 머문다

공것처럼 살아온 천년 세월이 그저 황홀하기만 해서
찌꺼기 같은
감정쯤은
불경 속에 묻어두었는가

한 치 앞도 모르는 내가
미래를 제대로 읽어낸다는 것은 기적에 가까운 일

생에 대한 남다른 自覺이 내게 있을까

무엇이 석불의 안면을 심하게 훑고 갔는지
군데군데 윤곽이 뜯기고 껍질만 남은 얼굴이다

두문불출 작심하고 주저앉아
현세와 내세를 무시로 드나들 때
폴짝 건널 수 있는 피안을 잊었을까

생각조차 사치라며 무뇌아의 형상만으로 해탈해버린

저
영원히
산 자의 무념무상이여

옹이의 독백

묵은 계절이 환상돌기를 하면
나무는 가장 높게 우듬지를 치켜세운다

쭉쭉 뻗은 수종들이 순풍을 타는 중에도
병목 지점에서 예기치 못할 변고가 발생했다

태풍에 맞서다 탈골된 가지들이
재개발 플래카드를 휘감고 매미 울음에 너덜거렸다

나이 한 살 더할수록 더 멀리 돌아와야 생기는 나이테

한낮의 폭염은 이스트처럼 부풀고, 발효되는 그림자마다
두근거리는 심장 속으로 표정을 감추었다

은밀한 날들을 밑동으로 흘려보내고
가혹한 자유를 위해 수직의 불안을 견뎠다

뿌리는 물줄기를 찾아 땅속을 헤집어도
한때 생시의 창이었던 옹이는 제자리를 버티고 있다

전력을 다해 몸속으로 자신을 숨기는데 60여 년
살아온 길 어디쯤에서 속앓이의 흔적인 듯 생겨난 옹이

한 걸음도 떼지 못하는 나는 자주 파문을 앓아야 했다
무릎을 꼿꼿하게 펼 때마다 우두둑 소리가 났다

머뭇거리며 나를 체념했던 심박수가 아우성쳤다
우지끈 가지가 잘려 나가면, 중심은 늘 아픈 쪽으로 기울었다

임계점을 넘지 못한 내가 망연자실
정신줄을 놓을 때 손 없는 달이 뜨곤 했다

천둥도 어쩌지 못하는 인생길에서
산 옹이에 파고드는 빛이, 차가운 골수에 사무친다

이제 너를 놓쳐도 되겠습니까

파릇한 봄비 그치고
골프장을 감싼 운무도 물러난다

눈으로 짚어보는 숨은 비거리飛距離
충분히 방황했던 기울기와 방향에 집중한다

오늘은 나를 기필코 성공시키세요

타수의
오차를 좁히려고
지금까지 낭비한 스윙을 교정한 후
저 너머 하얀 깃대를 향해 공을 날린다

일말의 가능성도 없이
하고 많은 욕심 중에 내 무모함이 앞섰다

속도가 멈출 때까지 순간을 탕진하는 기대

막다른 곳에서 조급해하는 내 사소한 습관
덜어내려고 남겨둔 여분의 아쉬움은 오래간다

잔디의 마찰계수를 최소화한
둥근 공에는 비딱한 각도가 숨어있지만

기대를 저버리지 않으려고
너를 놓친 지점까지 날아가고 싶은 나

슬로프의 기운 착시를 건너뛰고
도착할 곳은 여기뿐이라는 듯
누군가 두고 간 애매한 위치에서 간신히 골인된다

이제 좀 설렁설렁 살아도 될 나이인데

한결같이 홀컵으로 빠져들 공이
다 잃고 돌아올 타수를 셈하고 있다

경쟁과 각축

햇빛이 이기적이라면 당신은 믿겠습니까

깽깽이풀 위로 댕댕이덩굴이, 꾸지뽕나무 위로 새박덩굴이
전나무 위로 칡넝쿨이 칭칭 감아 오르고 있습니다

여기서 더 밀리면 죽을 수 있다는 것을 직감한 듯

치켜세우는 뿔

식물이 동물의 행동을 흉내 내고 있습니다
당당하게 보이지만 수상합니다
이들에게 무슨 꿍꿍이가 도사리고 있을까요
그 흔한 결말조차 보이지 않는데 말입니다

배려하고 양보하고, 조금은 손해 보면서
살아야 한다는 말이 무색합니다
누군가 쇠사슬보다 더 강한 덩굴이 되라고 윽박지릅니다

야금야금 허공을 뜯어먹으며
날카로운 발톱으로 찍어 오르는 공중

그야말로 생의 각축장입니다

빛을 찾아 헤매는 촉수들이 도처에 번뜩입니다

씨알도 먹히지 않는 막다른 시대를 빠져나오듯
더 높이 솟구쳐
이 세상을 자신의 발 아래 앉히고 싶었을 동물성 식물들

돌이킬 수 없는 맹목과 불신이 내게도 있습니다
인생의 막후였던 자리에
누구라도 받아버릴 것 같은 뿔이 자라났습니다

각자도생했던 생의 페이지를 펼쳐보면
더 오를 수 없는 나는 판판이 깨졌습니다

생존을 위한 전쟁에서 위로 치솟지 못하면 죽고 마는데
경쟁에서 이긴 것만 살리는 햇빛은
이 구역 강자들의 특혜 같습니다

식물도감이 설명하는 나무의 뿔은 승자의 표상입니다

대추 한 알

장대로 후리는 대로 털리면 내가 아니지

잡도리 당한 듯한 일방적인 족침

그럴수록 심장은 부글부글 끓고

까무룩 눈이 뒤집혔다

내 비명은 돌이킬 수 없는 자책이 되고 말았다

냉혹하기만 한 현실에서 낭창낭창 달라붙어 있는 대추 한 알

풋풋했던 살과 피를 말리며

무슨 꼴 보려고 지독하게 매달려 있는지

더할 수 없는 극한은 어디에나 존재했다

가장 아찔하고 위태롭게 바닥으로 떨구는 시선

유독 절망은 나에게 지나치게 친절했다

무작정 가지 끝으로 올라간 자리에서 이러지도 저러지도 못한다

두들겨 맞을수록 강해지는 맷집

더 맑아지는 고통에, 없는 오기도 생기는 법

몇 번이고 돌풍에 자물치다 살아날 때면 쭈글쭈글 고민만 깊어졌다

오랜 저항으로 단련된 나처럼

서슬 퍼런 것쯤은 대수롭지 않게 웃어넘긴다

부석사 목어

잠시 이승이면 됐다

물의 흔적 쫓아 산맥을 타고 넘었다

아직 오지 않는 두려움에 희망이 섞여 있다고 했다

살면서 죄만 키운 탓에
버리는 법을 터득하지 못했을까

나는 근거 없는 낙천주의자
몸가짐 바른 보법에서 참뜻을 얻고
조바심을 누그러뜨렸다

세상의 무성한 소문에 붙잡혀
끊임없이 타오르는 헤픈 번뇌조차
쓸데없는 겉치레가 되었다

불거진 힘줄로 살아감은 역린의 또 다른 형태
채울수록 욕심은 더 커졌다

통나무 속을 다 파내고 木魚가 된다면
그토록 무거웠던 생이 가벼워질까

해묵은 침묵이 분열할 때면
각성하시겠습니까
자각하시겠습니까

오지 않는 날은 가지 않는 날을 떠민다

멀리 산허리 꺾이는 소리 들리거든 척박한 마음에
새빛 든다는 뜻

내게 할당된 일생은 그만큼의 상처임을 깨달았다

비루한 퇴행을 끊어내니
나로부터의 해방이다

온전히 사람을 이해할 만한 자세를 갖춘 후에야
큰 소리로 울 수 있었다

이제 나를 누구냐고 묻습니다

계절살이를 한 낙엽처럼
죽어서 산 날을 기억하려고 이리저리 뒹굽니다

그래봤자 능사가 아니라는 것을 알면서요

커피색 미소를 내어줄까요
다정한 귓속말을 건네줄까요

생의 핏줄 같은 잎맥이 뚜렷하게 보입니다
바람에 최적화된 소모품이 나였다는 사실을 인정합니다

단번에 상황이 뒤바뀌듯
은연중에 준비한 안부는 잊었습니다

후미진 구석에 처박히기까지 나는 낙엽이었을까요

가지 끝 청춘이 조금 억울했다는 것 말고
그 무엇이 애달프겠습니까

화약처럼 표정이 울그락불그락 타들어 가도

참혹하리만치 경건한 모습을 하고 싶습니다

푸름이 빠져나간 그물맥은 세월을 통과시키는 창문일까요

모르는 누군가의 기분에 휩싸인 것이
나였다는 사실에

가을을 몽땅 거둬들인 낙엽은
죽어도 죽지 않는 숭고한 흔적 하나 남깁니다

환생에 대한 리허설은 또 다른 영혼과 마주 서는 일

이제 나를 누구냐고 묻습니다

포맷하려고 머물렀던 한 시점에서
처음 맞이한 느낌으로 구차한 변명을 유지합니다

발밑에서 바스락거리는 문장이
내 귓전에서 복고풍의 언어로 해석됩니다

벚꽃 외상

얼마나 꽃이 안달 났으면 제 그림자를 하늘로 띄울까

하얗게 피가 끓는 花色
이렇듯 일방적인 선언은 없었다

땅이 발주하고 하늘이 수주한 벚나무

봄날 꽃구경에 외상 할 작정부터 했는데
생각해 보니 염치가 백 단이다

내 마음이 미리 읽혔을까

섬진강 기슭을 따라 도열한 벚나무는
자연의 어떤 값도 따로 요구하지 않는다며
잔돈푼 걱정하지 말고
훌훌 마음의 때나 벗기고 가란다

공감에 긍정했다면 행복은 무한리필
궁색한 표정을 환하게 바꾸기에 충분했다

강물 속에 거꾸로 처박힌 벚나무 사이로
은어 향기가 팔딱팔딱 뛸 것 같은데

가지마다 꽉 찼던 꽃이
어느새 지리산을 넘으며 하나둘 품을 비우고 있다

금전의 가치로 교환되지 않는 호의를
누군가에게는 꼭 전해줘야 할 것 같은
의무를 품고 돌아오는 길

풀어놓은 만 개의 하양이 하동포구로 흘러가고
빈 가지들이 구름보다 더 높이 푸른 하늘을 밀어올린다

회전문

엉뚱한 상상에서 길이 생겨났듯이
일종의 분화된 생각은 독특한 취향의 다른 말입니다

허공에도 빈틈이 있어
새들이 날고 비행기가 지나가네요

어디로도 방향이 없는 공터처럼
타인과의 난감한 관계를 순조롭게 따돌릴 수 있다면
회전문은 미지의 길을 찾아가는
터미널이 될 수도 있겠습니다

떠난 시간과 당도하는 시간이
잠시 존재했다는 의미만으로 회전을 이루는 것처럼

손잡이 없는 명분을 이해하려고 나는 빙빙 돕니다

반복적으로 걸음을 답습하는
보폭 밖으로 이탈하는 직선을 툭 툭 걷어차고 싶어
회전하는 방식으로 행선지를 선택합니다

각각의 시발점에서 걸어나오는 발걸음과
제자리로부터 분리된 길의 곡선
목적지는 눈어림으로 완성되지만
지근거리에서 나를 놓칩니다

추측이 더딜수록 나를 뺑뺑이 돌리는 부재의 원리
절묘한 직선의 어긋남으로 회전문은 완성됩니다

건너뛰고 싶은 순간에도
버려진 오답을 향해 재빨리 회전문을 찾는 사람들

멀어지면서 가까워지는 이정표를 기억한다면
어떤 길도 맨 처음 설치된 문의 위치로 전환됩니다

정리해고

누구나 한 번쯤
죽도록 성공하고 싶어서 쓴 물을 삼키기도 했을 것이다

일자리 끊긴 시점에서부터
휘청거리는 허리가 팍팍하다

모과나무는 뼈 아픈 해거리를 치르는데
사람이라면 눈 까무러질 일이다

생의 집중력이 떨어졌을까
등 뒤로는 멀쩡했던 하늘이 무너진다

절기의 고비 넘지 못하고
영글다 만 열매들이
뱉어내는
제 몫의 통증

공중의 넌더리를 견디지 못해 맨바닥으로 추락했다

그간 소모한 허송세월 속으로

내 운명이 소용돌이쳤다

한순간 솔깃한 유혹에 한눈을 팔자
생채기에 스며든 싱싱한 빛조차 검게 변했다
살면서 내가 모르는 비밀스러운 오류가 있었던가

간편하게 정리해고된 사람들은
얼마나 무참히 세상 밖으로 내팽개쳐졌을까

운 좋게 낙과되지 않은 모과라도
기한이 정해진 정년을 보장받을 수 없고

잠시 유보된 해고에 지나지 않는다

무장무장 깨어나는 월출산

일 년으로 모자라는 월출산 비경 아래
가을이 또글또글 빛난다

청춘이 재산이라고 했던 말을 증명하려는지
형형색색 산이 열리고
몽상을 풀어내듯 나뭇잎이 나풀거린다

영암 도갑사는 오롯이 제 속내를 펼치기 위해
누구도 흉내 낼 수 없는 風磬소리를 빚어낸다

수행의 숙려기간을 넘기면
소모한 사색에 쓰다만 염료가 묻어날까

생몰은 과거가 현재를 만나는 방식
하늘마저 색칠하려는 퍼포먼스가 한창이다

굴참나무는 실컷 조롱당했는지
햇살 하나 휘감지 못하고
몸엣것 다 비워버렸다

찔끔찔끔 내어주는 것만으로는 모자라
굴절된 오후를 빛보다 빠르게 폭로하기 시작한다

그리움을 한 바퀴 돌아 나오면
우두망찰, 단풍의 소란이 시작된다

각인된 적요를 발라내듯
발등에 저무는 월출산 능선이
무장무장 깨어난다

공갈빵

아직 집도 없다는

불현듯 그 비아냥이 씹힐 때

하루 꼴딱 넘어가면 좋으련만 노을이 먼저 드는 월세방

내내 속상한 마음에 곰팡이가 피더니

아이러니하게 성한 이빨 다 주저앉아 버렸다

겨우 드러내는 최소한의 입맛 다심처럼

고소한 생각이 끼어들수록 배고픔을 배반하게 될까

끼니라야 밥알 녹여 먹는 듯한데

익반죽은 욕심껏 부풀어 오른다

근사하게 허기져서 창자를 쓿어내리는 식욕

나 모르게 진화하는 고소함은 배부른 허상에 불과하다

모든 빵의 어미 되는 호모균

슬픔의 우위를 차지하려다 속이 텅 빈 나를

낮잡아 보는지 바스락바스락 입맛을 파고든다

살아 날뛰는 냄새에 공격당하다가

왜 이렇게 나에게만 가혹한지 따져 물으려다가

한껏 입꼬리 치켜올리면

먹고 싶은 욕망을 추동하듯 배꼽자리에서 꼬르륵하는 소리가 난다

내 배고픔을 즐기는, 공갈빵이 있다

무골의 뼈

고드름은 뾰족하게 창끝을 갈았다

녹는 시간을 유예시킬 수 없어
한목숨 거꾸로 매달렸다

언제나 내가 표적이 되고 인질을 자처했다
밀려드는 현기증에 창자가 뒤집혔다

나는 다음이 없는 확신을 생각했을까

빛 가닥을 묶어 만든 빙질의 영혼

쉽게 살아가기 위한
그간의 과오와 조롱과 멸시가 있었던가

녹는 힘으로 흘러내리는 내면
누구든 눈곱만큼의 연민도 보태지 마라

사방으로 뚫린 허공에서
속살 훤히 드러내는 생존전략

그 어디에도 안전지대는 없다
짧은 시간 길게 견디며 굳은 결의를 다졌다

유전자에도 없는 無骨의 뼈가 단호하게 빛난다

하얀 혈관에서 자라나는
투명한 水筍

부러질지언정 꺾일 수 없다

더는 바랄 것 없이 마음껏 녹아내린 후
비로소 흘러가야 할 강물에 합류하게 되었다

뺄셈에 능숙한 어머니

다 괜찮을 거야

덧셈보다 뺄셈에 능숙한 어머니처럼
기운 어깨를 도닥이는 햇빛

서둘러 따먹고 싶은 마음보다
눈 찔러 오는
홍시가 좋았다

그리움은 다 읽어낼 수 없는 진득한 느낌

아직 씻기지 못한 슬픔이 있는지
당신의 안색을 곱게 숨겼다

감나무가 내 몸으로 가는 통로였을까
눈이 그치자 노을이 스며든다

간절한 마음만
홍시 한 알로 남겨두고 흘려보낸
생의 노도

괜찮냐고 물어오는, 어머니가 공중 寺院이다

새살 훑듯 흐르는 독백이
온통 내 꼬투리를 독차지한다

얼마나 많은 뇌성벽력이 어머니를 닦달했을까

쉽게 꼭지를 내주지 않는 홍시처럼
부모에게 자식은 생명의 회로

메아리가 귀청 여는 별마루 하늘을 향해
마음을 다한 맨살 몸뚱이

피안에 들듯 가지 높게 붉다

제2부

무궁화꽃이 피었습니다

꼭꼭 숨어있는 나를 찾아내거나

열렸다 닫힌 과거를 회수하고 싶을 때

당신은 소리소문없이 꽃씨를 뿌렸네

예측할 수 없는 세상에서 추억은 얼마나 엉거주춤했을까

무궁화꽃이 피었습니다

더듬더듬 읽어낸 문장에서 빠져나간 후일담들

삶의 행적을 거슬러 봐도 거듭되는 실족뿐이었네

숨고 싶은 사람 다 불러들여 숨바꼭질로 대신하는

무궁화꽃이 피었습니다

깊숙한 심장에서 뽑아 올린 충성 맹세는 아니어도

보이지 않아도 잘 있다는 안부를 전해주듯

무궁화꽃이 피었습니다

물을 주고 가꿔 본 적 없는데 뭇사람들의 인정은 따스했네

무궁무궁 피가 당기듯 사람의 숨결로 스며드는데

어디에서나 꽃 필 줄 아네

미래에서 현재로 반송되는 나

이야기 밖으로 훔쳐볼 수 없어서 멈추지 않는 술래잡기

밖으로 드러내지 않는 곳까지 무궁화꽃은 피네

창밖의 헤테로토피아

아직 다 지나지 못한 과거가 있다면

들뜨기 좋은 다른 공간을 상상한다

착오가 아니었으면 좋겠다고 넋두리처럼 하는 말들이 기대를 저버리며 익숙하게 다가오기 전까지

틀린 예감을 확인하려고 창밖을 뚫어지게 본다

나뉘어버린 지점에서, 바깥이라는 저쪽 세상의

신화적 모티브에 집중하면 방치되었던 장면이 나타난다

현실도피가 오인으로 판명될 때 따듯한 묵인을 배려하던 시야는 위태로운 입체를 이룬다

환상을 구체화하기 위해 행동을 역행하는

누가 뭐래도 나는 무관심에 안달 난 사람

주변에 간섭당한 감각만 남겨놓고 떠난 것들이 재결합되는 메커니즘이 두렵기도 하다

멋쩍은 의심은 이쪽으로부터 배제된 저쪽인가

알고 보면 이런 무관심은 종종 벌어졌다

투명하게 차단된 아득한 유리 너머

포개지듯 열리는 빈 곳은, 어쩌면 불안조차 자유스럽다

처음이고 나중인 과거는 거꾸로 가지 않는 현재

기막힌 풍경을 최대화하기 위해 창을 닫아건다

*헤테로토피아 : 다른 공간

서창 노을

어둠 속으로 잠입하는 빛

차가운 화염에 대해 함부로 말할 일은 아니다

누군가에게는 아주 식상한 일상이겠지만

나는 지금 말문이 막힌 순간을 경외하다

저 장엄에 빨려 들어가는 만화경

가공할 만한 피학적 불바다 앞에 눈이 머는데

어쩌면 저처럼 재 한 줌 남기지 않을까

마지막 한 톨까지 빛의 맥박 끌어모아

서녘의 극단에서 꽃 섶을 이루는 노을

멀리 두면 안 될 것 같은 오늘이 사라지기 전

시간의 숨구멍에 스며드는 슬픈 적막

반드시 살아내야 한다,는 결사적인 의미는

저렇듯 온전하게 전소하는 모습일 것이다

오롯이 자신에 집중하기 위해 밑천이 다 드러나도록 용을 쓴다

어딘지 힘있게 보이는 하루가 오늘을 밀어내고

빛의 엔딩을 맞이하는 영산강이 서서히 어둠에 파묻히고 있다

*서창 : 광주공항 인근 영산강.

아라비카

화마를 뚫고 살아난 세상

익숙한 단맛 쏙 빼버리고 더는 바랄 것 없이 감칠나게 쓰디쓴 아라비카여

흐릿한 정신을 몰아낼 카페인으로 무장한다

고산지대의 독특한 맛을 고수한다는 것
가끔은 캄캄한 모종의 혐의도 이해한다는 것

선택되지 못한 어떤 맛은
멸종 위기종에 포함됐다

나는 숯처럼 바삭하게 볶아져 누구에게 선택될까

짐작도 못할 뜨거운 불에
검은 미감의 비밀을 입혔을까

기막히게 좋을 때 색의 결박 풀어주면
혀에 착착 감기는 대화

네 앞에서는 분노마저 이렇듯 유순해지니
이 호사스러움에
무엇이 더 부럽겠는가

일상의 군더더기를 허공에 날려버리듯 부드러운 목 넘김이 있다고 말해줄까

억측에 대한 편견을 물리치고
갓 볶은 카페인으로 생의 활로를 열어주는

나의 아라비카여

삼각형 굴리기

생각할 줄 아는 도형이 있다면
바퀴가 되고 싶었겠지

우산을 폈다 접는 순간에
뾰족한 태양이 굴러 떨어질지도 몰라

거꾸로 삼각형을 세울 때
생기다 만 별이 쏟아지는 것처럼
하늘은 땅으로 곤두박질치겠지

재창조는
지독한 권태
파스칼은 고민에 빠졌을 거야

풀벌레 울음을 제거하면 드잡이질 당한
날개가 우수수 해체될지도 몰라

나는 뜨악한 몽상가

사는 일이 다 그런 것일까

의식을 잃고 까무러치다 다시 살아나서 삼각형을 뒤집
는다 해도, 그 꼴에 그 발칙

 피가 쏠리도록 버티는 힘으로만 물구나무서면
발효 직전의 발상이 나를 뛰쳐나갈 것이다

 상상적 배려를 주저앉히고
텅 빈 시공간으로 나를 은닉하면 의구심이 곤두섰다

 하나같이 뒷모습을 가진 것들은
탄생 이전의 형상을 매몰시켰을까

 나를 가져본 적 없는
내 귀가 쫑긋 섰다

 이미 저편으로 도망치다 붙잡힌 해괴한 도형들이
새벽을 향해 나를 굴리고 간다

친밀한 나와 막연한 無我

미련은 이승의 카르마인가
자의 반 타의 반으로 異見을 좁히려고
사그라들지 않는 말의 여운을 잘라내도
이분법에 매료된 채 안색만 바꾸는 것이 고작이었다

뒷심마저 다 소진할 때까지
써먹을 대로 써먹어 초토화된 내가
웃자란 생각을 어쩌지 못한다

옳고 그름을 분간 못 하고 활보하던 시절
낙오될 수 있다는 가정조차 해본 적 없어서
해야 할 많은 반성을 내팽개쳤다

종이접기처럼 다음 순서에서는 미묘하게 어긋나는데
문명의 최전선에서 달콤한 빵만 탐닉했다

시간의 하류에서 먼지처럼 흩날려도
흔적은 남아있는 법이라고 수없이 들었지만
애써 외면할 뿐
스스로 선택하지 않은 불행은 나와 무관하다 여겼다

지치고 힘들수록 뜨겁게 끌어안은 허욕
오작동 되는 내 의심을 믿을 때면
내딛는 길마다 손쉽게 미로가 되었다

無는 애초에 없었고 我에 도달하지 못해
용의주도하게 나를 숨겼다

화폭에 색칠만 할 줄 알았지
빛이 움틀 여백은 안중에도 없었던 것

화려한 슬픔을 통과하는 중에도
또 다른 유혹은 화살처럼 날아와 가슴에 박힌다

간과해 버렸던 일들이
천지사방에서 나를 짓누르고 첩첩 에워싼다

생뚱맞게도 다다르지 못할 無我는 오래된 화두
시시때때로 나쁜 기억을 건너뛰려 했던 내가
가장 번잡하게 수용당한 감정을 복원하고 있다

땡감

태풍의 예고만으로 가지 끝으로 밀려나
똑똑 떨어지는
감또개

탕진해버리고 싶은 욕망이 내게 남았던가

실어증을 앓는 것처럼
자꾸 허술한 몸을 드러낸다

점점 사라지는 느낌으로 낯설지 않은 내가 있다

감나무 한 그루 살리기 위해
햇볕 한 조각씩 떼어다 붙여주고

군무하듯
펄럭이는 이파리들

누가 사용하다 버린 사소한 기척에도 나는 두근거렸다

매일매일 근수를 더해가는 몸

열매로 취급받지 못한
버림받은 땡감을 위해
별은 밤새 감나무 이파리에 앉아 깜빡거리며 머물다 간다

일시에 종주먹을 펴는 윤달을 지나니 어둠의 수위가 높다

소금물 항아리 속
땡감 우려내는 소리

나는 아직 덜 익은 사람
참을 수 없을 만큼만 참는 사람

내게서 가장 아픈 곳은 아슬아슬한 관계의 꼭지였다

따로 또 둘이서

葛과 藤

배배 꼬는 친밀한 공생이다

빈틈을 보이거나 헐거워지는 행동을 참지 못하고
서로의 반대 방향으로 몸을 비튼다

왜 나는 격렬하게 어깃장을 놓으며 앙탈했을까

지고는 살 수 없어서
인정사정없이 상대의 심장을 노린다

칡은 오른쪽으로 감고
등나무는 왼쪽으로 감는다는데
어쩌자고 이 둘은 앙숙인지

핑곗거리의 흑막이 걷히자 저들만의 계획이 드러났다

불손한 마음에 대한 두 운명은
어느 쪽이 더 절망적인지

종잡을 수 없을 만큼 꼬아봤다는 아집만 남는다

따로 또 혼자 얽히고설킨
오해의 역마살이 꼈을까

반복되는 생의 소용돌이 속에서
갈등은 푸는 것이 아니라 적응하는 것

자기중심적으로 고집하는 행위가 있다면
가보지 않는 길에 대한 가장 보수적인 부정이다

한쪽 방향에서도 길은 또 갈라진다

목적지 없이 길만 찾는다면 인생은 방랑에 지나지 않는다

배타적 양면성

살아내는 과정에서
내일은 오늘을 견인하는 희망인가

흐르는 시간은 나를 낡게 해도
추억은 나를 새롭게 한다

빈정거리는 습관을 확인하던, 나는
풍화되는
조바심에 놀랐다

결코 가볍지 않은 감정이 덧니처럼 숨어
착각을 묵인했을까

오지랖 넓다 자랑 말고
모른 척하고 살아야
敵이 생기지 않는다는데

설득당하지 않으려고 나를 놓치는 일이 잦아졌다

거친 생각을 그대로 놓아두었다면

기억이 소스라친다는 낭설은 어디까지 믿어야 하는지

호기스럽던 서른 살과
볼썽사나워진 예순 사이
목에 가시로 걸린 충고가 불편하다

하찮게 실패한
몽상이 커 보인다

치닫는 파국을 잠재울 신념이 있는가

미래는 과거로 가기 위해 현재의 공간을 지나듯

내게 뿔처럼 자라나는
두 개의 양면성은 어느 지점에서 일치할까

늘 한발 앞서는 말의 배속을 조절한다

지문꽃 메밀꽃

맑게 가라앉는 흰빛이 있다

다 자라도 메밀꽃은 작달막했고
아버지 손은 삭정이처럼 거칠었다

남은 것이라고는 다 닳은 지문뿐
가난은 때가 되면 찾아오는 태풍의 눈처럼 잦았다

땅에 목덜미 잡혀, 야반도주를 꿈꿀 때마다 식구들 배주리지 않겠다는 일념이 아버지를 주저앉혔다

야위고 뼈만 남은 몸에 버짐이 피듯
주렁주렁 식솔이 붙어살았다

시커멓게 얼굴이 탄 나는 메밀꽃을 증오했다

언제나 숨이 턱에 걸리는 것은
피땀으로 공들여도 터무니없는 所出

손바닥 크기만 한 메밀밭으로는 허기를 면하지 못했다

뇌신 가루약 털어 넣다 한마디 하시는 아버지
오늘을 뛰어넘을 미래는 없을 것이라고 푸념했다

삶의 격정은
살아내야 하는 환각의 역설인가

삼시 세 때 밥 거르지 않으면 그것을 기적으로 알았다

답답한 마음에 환하게 메밀꽃이 만발한 후에도 고된 일에 평생, 당신과의 타협은 없었다

납작 엎드린 하늘을 일으키려는지
아버지는 지상으로 무덕무덕 소금꽃을 피워 올렸다

우수한 건망증

어금니 사이에 낀
말(言)들이 큭큭 웃었다

한사코 나는 명분 없는 코너로 몰렸으나
우수한 건망증 때문에 살아남았다

무리 속에 슬그머니 묻어 살기에 급급했다

제대로 실행하지 못한 엉뚱한 행위로 인해
핑곗거리에 휩쓸리면 일의 앞뒤가 뒤집어졌다

지금 여기 없는 어제처럼 시간의 꽁무니를 좇아 해는
하늘로 치솟는데
생각은 자꾸 가라앉거나
너무 태연하게 잊는다

행동거지에 서툰 내가 조롱당하는 느낌일 때

끌려다니고 떠밀리기만 하는 일상이
불에 덴 듯한

본능 속에서 뒤엉킨다

터무니없는 생각이 다음 차례로 밀려도
절반을 실패한 행위가 가슴을 헤집는다

과거를 싹둑 잘라내면 좀 나아질까
깜빡깜빡 속아주면 착각에 익숙해질까

고작 몇 발걸음 걸어가서 잊히는 건망증

제 울음 속까지 다 파 먹혀 침탈당한 생이
귀엣말에 붙잡힌 채

망각의 배후가 미제未濟로 남은 것은

이 얼마나 자학적 구속인가

박과 달

모서리를 쳐내면 둥글어지는 공학구조

휘어진 풀 끝에 먼저 닿는 여명이
새벽을 불러내는 말문 같았다

깨금발 짚고
담을 넘어온 듯
눈이 시큰거렸다

그럴듯한 박의 모양을 위해
달과의 교신은 계절을 능가했다, 매달림조차
아찔하게 견뎌야 했다

보이는 형태만으로 무게가 실리는
이리 버거운 생애가 있을까

썩 어울릴만한 곡절이 있었음에도
이제는 호락호락
내가 먼저 발각될 차례

밤새도록 달빛에 반조되어 둥글어지는 의식

몸 깊은 곳을 향해
이파리 뒤에 숨어버린 모습이 비칠까

아무 일 없이 잘 지내고 있냐는 말에 어렴풋했던
미래가 둥글게 보였다

참을 만큼 참은 말을 혀로 굴리면
멈춰있는 풍경 사이로 달이 익어간다

말맛 살구

딸칵
스위치를 켰다
어둠이 화들짝 달아난다

멎지 않은 혼잣말에 내 귀가 자라났다

턱 괴는 습관으로
엉뚱한 표정을 상상하면 수많은 안색을 놓친다

복사꽃을 향해 옮겨가는 향기가
익숙한 품앗이 같았지만
느낌을 어루만지면 지천으로 널린 봄빛뿐이다

뒤늦게 도달하는 후회처럼
곤고한 분위기를 가볍게 날려버리고
잠시 세상을 외면하고 싶었을까

땅바닥으로 떨어지더라도
절대 으깨지기 쉬운 맹세는 하지 마라

꽃은 살구의 열쇠라는데
처녀의 수줍음* 감추려고 주렁주렁 꿰인 주렴에
따뜻한 말이 들어있을 것 같은

주황색 넋

나와 어울리지 않는 궁금증이
치열한 삶에 휘말린다 해도
낙과마저 따듯한 늦봄

풋풋한 한창때를 건너면 한꺼번에 파산을 선언할 알맹이들

살구의 이름으로 둥근 향기를 불러내는
새콤달콤한 말맛

속내를 들키지 않으려는 나만 안달이다

*꽃말

살얼음

식구라는 말이 처음 생겨났을 때

밥솥에서 뜸이 잘 든 밥은 두근거렸다

몰라도 되는 안부가 간신히 눈썹에 얹혔다

아프리카 어느 부족은

마주 앉아 밥 먹기 전

뾰족한 가시로 자기 혀를 콕콕 찌른다는데

흘리듯 내뱉은 말은 그보다 더 독했다

따끔거리는 마음이 변방까지 번진 것일까

무뚝뚝하게 멀어지는 가족이라는 사실을 비웃듯

살얼음은 사방으로 영역을 넓혔다

생의 어느 구간이 아프지 않았겠는가

반목이 깊어질수록 쉽게 겉도는 대화

쓸어 담을 수 없는 감정이 서로의 목덜미를 죄었다

입속의 밥알은 쉽게 목구멍으로 넘어가지 못했고

선뜻 와 닿지 않아 억지로 참아내는 일만

함께 혼자인 내 속으로 실금처럼 파고든다

백련사 백일홍

세를 불리는 꽃잎 아래
불법체류 중인 내 그림자마저 붉다

만덕산 한 채를 다 갉아먹은 수천수만의 꽃의 이빨들

삼복을 카운트하며
붉은 신호등 앞으로 급발진하는 배롱나무

자미화는 뭇시선에 닿는 염화미소인가

강진만 파도 소리는 구름조차 비켜서는 만경루에 이르러
갑갑한 귀를 씻고 있다

白蓮의 눈시울이 백일홍에 사무친 듯
한여름에 들더니 펄펄 끓고 있다

우여곡절을 건너온 사연들이 금시초문을 이루고
풍경소리는 단청에 스며들어 시공간을 재구성한다

꽃물이 몸에 스며들어도 어찌할 수 없는 나는

고작 숨을 곳이라고는 백일홍 그림자 위다

구강포 앞바다는
나를 천일각에 주저앉히고
애써 표정을 바꾸며 모른 체하고 있다

돌아갈 길 지우고
출렁거리는 꽃물결이 질리도록 난반사되고 있다

친밀한 항쟁

온 강산의 찔레꽃을 생각한다

白衣를 입고
모여드는 시위대의 깃발

우리는 선연한 원색, 꽃보다 먼저 도착한 군중이다

대오를 갖춘 민중이라는 것을 그대는 아는가
죽어서도 계속되는 찔레꽃 노래여

아주 친밀한 항쟁은 반복되고
불편한 소문은 일시에 퍼져나간다

山川 도망은 해도 팔자 도망은 못한다, 했다

굴욕이 스민 상흔은
공포를 견디는 절차의 하나

유실물처럼 남겨진 과거로 회귀하여
어머니의 뼈로 피운 꽃을 바라본다

몹쓸 운명에 끼인 채
누군가의 꿈을 좇아, 혀로 전승되는 노래가
이어질 듯 끊어질 듯 미래로 넘어간다

목구멍에서 입으로 뱉어내는 슬픔을
삶의 비탄이라고 읽어도 무방하겠는가

오래된 슬픔을 옮겨 적는 손끝이 가늘게 떨리고
여기저기 나비로 몸 바꾸는
저 자태

무덕무덕 꽃무덤을 서둘러 완성하듯
흰 잠까지 불러내는 몸짓이 사뭇 아프다

몇 생을 이렇게 흘렀어도 오고야 마는 아침이 눈부시다

제3부

생의 회문

단풍으로 물든 나의 사색은
두 개의 계절이 만나는 계곡으로 깊어졌다

뒤엉킨 느낌을 추스르는 사이
십오 리 넘는 골짜기에서 치열한 전투가 벌어진 걸까

한 걸음씩 걸어 들어가는데 흩어진 낙엽이 난장판이다
불쑥불쑥 튀어나오는 낭만적인 어휘들

강천사는 생의 回文

손톱 밑에 낮달 떠오르면
활활 불타는 제 몸을 살리려는 듯
너나없이 감로수에 뛰어드는 낙엽

추파에 휘말린 통속通俗이 걷잡을 수 없다, 하여도

생시의 틈이었을 순간에
물감 든 눈곱을 떼느라 분주하다

알면서 모르는 체
한 곳으로 집적되는 기분이 색색의 관능을 이룬다

숨 막히는 감탄만으로 발칵 뒤집어지는 九天

저 황홀을 매단 이파리에 나는 활성 난시를 앓는다

선운사 꽃무릇

도솔까지는
여기서 멀지 않다는 듯
너나없이 사람들은 야단법석이네

기꺼이 품을 내어준 절 한 채
절 마당 깊숙하게 골라 앉는 햇볕에 눈길 둘 데 없이
꽃무릇이 붉네

아니 붉다 못해 눈을 찌르네

그간 땅 속이 갑갑했는지 막무가내로
한 생애를 꺼내 놓네

가보지 않은 미래가 착오를 일으켜도
우연은 적극적이네

무방비 심장을 향해 쏘아대는 저 불화살들

요사채의 담쟁이는 귀 세우고 풍경 소리 엿듣는데
슬그머니 흙길 내놓고

적막해진 선운사

이곳에서 딴생각에 빠진 건
만세루 뒤에 앉은 대웅전의 부처님뿐이겠네

쉽게 풀리지 않는 인생을 뒤돌아보며 걷네

모든 문은 세상으로 통한다는데
딱 한 번 맥박이 뛰는 목숨과 맞바꾼
메아리는 검단수에 섞여 흐르고

내 생명의 풍장터에
꽃무릇은 가지런한 불꽃을 피워 올리네

고공 이사

공간을 위로 세운 수납장처럼
모서리 각을 맞춘 직벽

칸칸을 나누어 갖기 위해
불가피한 구조역학이 땅에서 멀어지는 중이다

손바닥 크기만 한 콘크리트 상자가
닭 케이지와 무엇이 다른가

이웃과의 소통을 도외시하는
저마다 남다른 사정으로
누구는 집을 비우고 누구는 빈집으로 돌아온다

둘레길 한 바퀴 서성거려도 좋을,
어쨌거나 근사함을 바라는 것은
과분한 사치일까

클라이밍하던 바람이
층수를 세다가 숫자를 잊어버리고 로프에 매달려 있다

위아래가 똑같은 콘크리트 구조물 속에서
아파트 이름 하나에 연대 의식을 갖고
각자의 우리임을 입증한다

몇 번째 상자가 우리 집인지
알면서 딴전 부리듯 지루한 고공을 셈한다

쥐꼬리만 한 일조량을 받아내려고
꼿꼿이 수직으로 선 아파트의 부동자세

수평이던 마을 공동체를 수직으로 올릴 때부터
집은 층고를 가진 욕망의 높이가 되었다

누군가 입주의 경쟁률을 뚫고 이삿짐이 오른다

봄까치꽃

눈에도 밟힌 적 없다는 지상의 별

어기차게 어린 순 밀어 올려

절정의 몸을 여는 봄까치꽃을 봐

한날한시에 태어났을지라도 서로의 기대치는 다르지

기쁜 소식* 파란 별의 속삭임

어쩌자고 나는 개불알꽃을 떠올렸을까

아주 먼 거리를 거쳐온

봄날이 환희의 떼창을 부르는데

안간힘이 여간 아니라는 것은 누구나 다 아는 사실

살 맞대고 외롭기로 작정하면

그건 사람이 되겠다는 결심이 선 거지

하지만 어떤 경우에도 맹세는 하지 마

저녁을 밝힐 별은 최선을 다해 날갯짓하고

그리움을 쪼는 까치는 비상을 열망해

그 짧디짧은 발목으로

소스라치듯 착지한 발밑 하늘을 봐

빛을 물고 나르는, 수천수만 까치의 군무가 절정이야

*꽃말

불갑사 꽃무릇

여기서부터 막연한 기대가 시작되는지
시공간은 딴 세상이다

누가 꽃의 스위치를 한꺼번에 올렸을까

심장을 펌프질해
뿜어 올리는 마그마

자비의 땅에 법문으로 고인다

핑계의 몸을 빌려 해찰했던 내 행동을 반성한다

몸뚱이를 땅에 묻어두고
꽃 모가지 뽑아대는 꽃무릇의 계획이 심상치 않다

가냘픈 힘으로 가을 한때를 들어 올린다

살아 있는 것만이 앓는 相思로
지상을 핏빛으로 감싸는 한 무리의 군단

놓칠법한 생각에도 염불 들어
발골된 슬픔조차 빛나는 공덕을 이룬다

불씨를 안은 숯처럼 무릇 까맣게 태운 마음

저 완성된 仙界는
또 어느 공간 속으로 저물 것인가

행복의 정체는 불행이 확인시켜 주는
가혹한 팜므파탈이 아니던가

쉽게 들킬 고독도 신성하게 하는 만다라여

나는 무심하게 어떤 변명거리도 찾을 수 없다

태양은 빛 오라기 뽑아내더니
그을린 눈빛 환하게 깜빡인다

마지막 객지

살다 보면
어지간했던 눈치조차 무뎌진다

기회를 잡으려 해도 놓치기만 하고
오히려 뜻하지 않는 문제에 부딪히기 일쑤였다

보이지 않는 것들에 뒤엉킨 삶이
시큰둥하게 하루하루를 넘긴다

사람이
떠나는 것은
그저 그런 일이고
사람이 오는 것은 큰일이라는데

흘러들어온 곳의 까마득한 출구 같은 객지에 나는 서 있다

눈치껏 엎드려야 사는 현실에서
어떻게든 궁색한 처지를 모면해야 했다

내일은 살아남은 생물들의 오늘

더는 방황할 아무런 까닭도 없을 때 어렴풋이 보이는 길

뿌리내리지 못한 객지에서 나는, 모르는 타인 같았다

돈이면 안 되는 게 없다는 일련의 말은
이제 나와 무관하게 되었다

아무렇게나 거저먹는 나이가 아니었다

꽁지발 보리밭

그 여름의
숨 막히는 푸름

민들레 꽃등 타고 산비탈을 내려온다

누구라고 더 자랄 것 없는 키

아이들이 꽁지발을 하고
누군가 돌아올 것 같은 방향으로 일제히 고개를 돌린다

나는 어디론가 휩쓸리듯 몰려가는
패거리를 상상했을까

거추장스러운 자존심마저 다 버리고
제 그림자 곧추세워도

고만고만

서로 편이 되어 한쪽으로 쏠리는 바람조차 싱그럽다

겹겹의 하늘을 펼치면
종달새가 울고 이슬비는 풍경을 흠뻑 적신다

저 무른 속살까지 푸르렀다면 그건
갓난 봄이 극성을 부렸기 때문이다

청보리는 수시로 해찰하면서
제 발목 감추기도 했지만
새로 얹은 同色에 모든 편견을 버린다

얼마나 많은 기회 앞에 절망했던가

껄끄러움 대신 청춘의 서사가 힘차다

먼 길 가깝게 죽녹원

보슬비에 젖은 대숲이 술렁인다

마디마디 다정한 배려가 있어
곧은 힘으로 휘어지는 대나무

여기서는 슬픔을 조심하세요

친근해지기 위해 오솔길을 내놓고
먼 길 가깝게 돌아오라 한다

한목숨
눈부신 순간을 위해 추억이 만들어지듯
어떤 곁가지도 내지 않는 결기로
착근하는 그리움

꺾이지 않는 마디의 세습이 한창이다

스스로 묻고 대답하던 방식에서
텅 비도록 솟아오른 끝을 따라가면 창공이다

오늘만 대통처럼 게으른 목숨
나는 어느 연대에 끼어있는 사람일까

아랫마디를 딛고 윗마디를 올리며, 탄력을 더하는 일생
걷다가 올려다본 하늘은 그 자리 그대로인데

어찌 나만
종잡지 못하고 흔들리고 있는가

한창 발굴 중인 미래가 위로 치솟고 있다

무각사 홍매화

의미를 부여하자면
저 나무는 차가운 용광로 같다

호젓한 오솔길 돌아서면
홍매는 더 잔인하게 나를 녹일 심사인가

봄의 센서가
아직 작동하기 전인데도
꽃은 생시의 문턱에서 자신을 불태운다

저를 보내준 절대자에게
예의를 다하려는 태도가 범상치 않다

무슨 말로도 표현할 수 없어 나는 입을 다물었다

계절은
잡념의 서식지 같은 나로부터 닫혀 있었으나
아무런 인기척도 없이 도착하여
내 몸을 사정없이 붉게 날염하는구나

숨 막히도록 절정의 한때를 맞이한 홍매화는
시간을 앞서가려는 듯 향기를 발산한다

나는 지금 내 감정을 초과 사용한다

소리 나지 않은 폭발음이 마른 눈썹에 말라붙고

오월루 스치는 시간
無覺無覺 불탄다

꼬리를 감추는 사유

사유의 문을
열고 들어가면 또 다른 문이 있다

문을 밀치고 들어가는데
내가 문을 여는 게 아니라 문이
나를 가두고 있었다

칠흑의 밤에 등불을 켜도 사유의 향방은

伍里霧中

생각이 매진되는 대뇌 속으로
언제나 한 발
빠르게 오는 불완전한 문장

여간해서 살아나지 않던 낱말들이
부침을 거듭하더니 꼬리를 감춘다

늘어놓는 넋두리에
열병처럼 들끓던 내면이 식었을까

차라리
어느 무심에 까마득히 들어가
나를 열어보기로 했다

내 마음의 간이역

어두운 터널을 지나 빛과 마주치는 지점이 있다

더는 뒤가 보이지 않을 때
세월 너머의 이정표 같은
상상의 간이역에 도착한다

안 될 게 없는 세상에서 가야 할 길은 멀고
정기승차권은 분실하였다

둥근 쇠가 직선의 쇠를 갉아먹고
붙박이 풍경을 밀어내며 기차는 달려가고

어디쯤 근접한 부재는 여정의 이마에 붙어 아우성친다

묵은 시공을 건너기 위한
속도와 거리에 값이 붙는다

빠르게 밀려 나가는 뒷전을 보지 못하도록
결사적으로 달리는 궤도

경험하지 못한 미래로부터
수많은 간이역이 다가온다

언제 적 모호한 풍경인가
과거는 현재에 머물고 사람만 사라졌다

내 마음의 간이역은 지나온 모든 흔적을 망각할 것이다

리셋 버튼

한 줌 흙도 없는
가지 끝에 오르신 어머니

당신의 일생은 음지에서 피는 꽃이었다

무르녹는 살냄새로 미소마저 빙긋
처마의 틈을 헤치고
백일홍 꽃비를 뿌린다

어딘가에 닿으려는 우아하고 품위 있는

삶의 융단

얼마나 슬픔을 묵인해야 볼모로 잡힌 그리움을 풀어줄까

소수의 특권인 富의 그늘조차 없이
궁핍하기만 했던 생의 이력

어머니 떠나고 없는 발걸음 소리가
不立文字처럼

천상의 소리로 박제되는데

온전한 미래로 재생을 위해

곱게 리셋된 우주의
한 모퉁이가 환하다

목련꽃, 날다

무각공원 모퉁이의 목련나무

여인이 아름답기로 꽃만 할 것이며
그중 너만 하겠느냐

현재형 미래를 향해 복제되는 일란성들

허공에 찍힌 발자국을 지우려고 흰 깃을 털고 있을까

전력을 다하는 방식에서
심히 불안해하거나
바람과 구름의 농간에 말려들지는 말아라

素素하게 대물림을 증명하려고
빛의 공간을 확보하는 정령들

아찔한 공중에서 지상의 보행을 상실했을까

아차 싶은 마음에 환상은 깊어졌으리라

목련꽃을 새라고 불러보는 봄날에
安分知足도 못하고 허물로 남은 나

훠이훠이 날려 보내지 못한 새가
아직 내 안에 사는데

난다는 것은 무엇과의 단절에서 비롯됐을까

떨어진 목련꽃이 먼저 새가 되어 날아갔다

파수꾼

모과는 스스로 제 몸을 익힌다고 한다

신의 공간에서 빠져나온 나는
사람의 시간을 붙들고 있는데

배후가 된 하늘만 뎅그러니 남는다

꽃의 부록 같은 노란 향기는
행복을 튜닝하는 방식

뭉근히 사골을 끓이듯 뼛속까지 우려냈는지
군데군데 검버섯이 피기 시작했다

완숙은 보호색의 다른 말
매몰된 동공 속에서 상상을 덧입히면

함부로 들키지 않는
새콤한 향취가 공중의 파수꾼처럼 달려있다

더 기다릴 빌미를 주는

안부는 누가 쓰다 버린 느낌처럼 도착했다

제 잎 모두 떨궈야
온전하게 보이는 모과

날 선 겨울 햇살에 삼칠일을 내어놓아도
향기만은 그대로다

꽃다운 청춘 다 바친
어머니가 그랬다

생존전략

서로 가까이 다가갔지만
활엽의 그루터기가 냉골이다

어떻게든 살아보겠다고
길게는 수백 년 의지가지하며 맨살의 나무와
나무가 북돋는 격려

살아남기 위한 악전고투는 기도보다 치열하다

공생하며 치밀해지는 재탄생의 기회에도
햇살은 강한 것만 키우는 냉혹한 동물 본능

독초와 약초가 한 뿌리에서 나온다는 믿음으로
입술을 깨물어도 견디기 힘든 한계는 있었다

극약처방이라는 탈수 상태를 넘어
땅속뿌리까지 따뜻한 미래를 희원하는데

어린나무들에게 온기 다 퍼준 큰 나무는
강추위와 한판 겨뤄볼 심사인지

三冬 안으로 깊숙이 들어갔다

매년 한 번은 반드시 겪어야 하는 참혹한 고통

겨울나무가 겨울을 이겨내는 법은
더하기가 아니라 빼기라는 것을 알고 있다

더는 기습적인 한파에 걸려들지 않으려고
내 몸에 빛이 들어오는 길목을 비우고 있다

제4부

연리지

길에서 길을 묻다가

한 발짝 물러서서
서로의 감정을 엿보다가 눈 맞았네

어쩔 도리 없이 끌린 사랑이 연분이라 믿었네

먼지를 뭉쳐 쇠를 만들고
시간을 맞대 인연을 만들었네

이제는 멀뚱멀뚱 각자를 증명할 이유가 없어졌네

날벼락 같은 운명을 받아들이며
미리 살아본 것처럼 서로 다른 피로 한 몸이 되었네

마음 놓고 웃자라는 사랑만 있겠네

내 한쪽을 비워내니
당신의 새살이 찼네

설령 예고 없는 불행이 닥친다 해도
훗날을 몰두하는 아트마여

어느 날 궁창 높이 날기 위해
비익조比翼鳥를 이뤄냈네

광풍각

불행은 늘 타인 몫이라 생각했다

아픈 과거에 닿으려는데
드문드문 새소리가 가을 초입을 연다

살아서는 다하지 못해
명치끝을 파고드는 회한이
빛나는 정신으로

여과된다

어두웠던 시대가 터덕터덕 발목에 흘러내린다

삭아버린 세월이 마음 첩첩 애끓는데
계류를 타고 오르는 회한이 있을까

몰락한 가문의 뿌리를 더듬는다

백성의 마음에 희망의 꽃을 피우려 했으나
개혁의 조짐만으로 이단아로 전락한

참담한 사건

영원히 사는
당신께 묻습니다
지금까지 어떻게 견뎠냐고,

겉늙은 슬픔이 나를 흔들어 깨우는데

光風狂風
빛과 바람이
무구한 석가산 능선을 따라 물결쳤다

*광풍각 : 소쇄원 內.

장마전선

날씨는 수시로 태어났다

어떤 순서와 상황에도 얽매이지 않고
구름은 일기를 벗어나려고 안달이다

물기에 뿌리를 내리려는 절기에
몇 날 며칠 불안해진 달빛은 짓무르고 햇볕은 힘을 잃었다

건기를 타고 넘는 우기처럼

잠복했던 기상이 그저 빨리 드러났을 뿐
예전처럼 특별한 주의보는 없었다

습기를 나눠 가진 바람이 속내를 감춘 저기압으로 변했다

어느 구름에 빗방울이 들어 있는지
섣불리 판단하기 어려울 때
논리적 해석과 통계를 포기한다

다 익은 매실을 떨어뜨리려는 매우梅雨가

세차게 쏟아진다

우기를 베고 누우면 세포 깊숙하게 물결 소리가 난다

빗방울을 탑재한 먹구름이 몰려오면
피할 수 없는 내가 먼저 빗물로 젖어갈 것이다

양파 싹

손에
쥐어보고
예상이 뒤집혔다

꽉 찼던 알맹이가 감쪽같이 사라졌다

통째로 곪아버린 뒤에야
새 부리같이 뾰족한 새싹이
머리를 내민 것이다

맵고 독한 것들의 본능은
애초부터 유전자가 다른가

어정쩡한 천국을 향해 지옥을 통과하는 시간

勞心焦思 저를 살게 하는 동안
겹겹의 속을 깨끗이 비워냈을까

뭉그러진 살점을 버리고
겨우 자세를 잡으니

은밀하게 심장이 뛰고 뼈가 자라났다

새로운 세상으로, 날아야 하는 이유로 죽지를 키웠으리라

펼쳐지는 광활한 우주
죽음이 완성한 빛나는 생명을 보라

기어이
하늘을 품고 싶어서

초록 날개로 날아오르는
새
한 마리

좀 성의 있는 딴청

온 힘을 다해
발끝을 세우면 다른 방향을 가리키는 좌표

꽃 떨구듯 직장을 잃은 후
비틀거리는 몸짓마저 어디 하나 성한 곳이 없다

나는 결국 이대로 버려지고 마는가
반문할 힘조차 없다

살다 보니
어찌어찌 살아진다,는
좀 성의 없는 말 되뇌어 보아도

그 말이 솔깃하게 들리는 날은
내 어깨 한쪽이 내려앉은 후였다

예전처럼 우리에 포함될 수 없어도
나는 될 수 있었다

북새통이던 삶이 딴전을 부리듯

이미 실직한 현실이 느리게 제자리를 찾는다

희망의 근처에서 서성이다가 봄볕에 새까맣게 그을린 나는

잊은 기억의
빈 곳까지 채우고 싶은 환상에
어찌할 줄 몰랐지만
시간의 부표는 나로부터 떠밀려 나갔다

눈싸움

산등성이 밑자락으로
기대를 저버리지 않는 눈이 오네요

바람은 가볍게 설원에 잠복한 것 같습니다

도망칠 자리를 찾아 눈싸움을 시작해 볼까요

돌멩이를 숨긴 눈 뭉치로 맞아보면
고통은 달콤하지 않다는 걸 알게 되죠

살아서 죽을 수도
죽다가 겨우 살아날 수도 있습니다

포근한 눈을 뭉치면 바윗덩어리보다 더 단단해지고

빈틈없이 빗발치는
게슈타포의 총탄이나 매한가지예요

꼬박 날밤을 새워야 첫 줄이 완성될 것 같은
눈에 관한 詩作은 내일로 미루세요

나는 하릴없이 이중분리되고
걷지 못하는 일회성의 눈사람이 되었습니다

정성을 다해 얼어붙은 문장을 위해
등 돌리기 쉬운 행동으로 눈을 맞지요

자꾸 이탈하려는 상상처럼
녹을 수 있다는 의문에 차갑게 긴장하죠

이제부터 길 없는 세상의 길에서
치열한 눈싸움은 시작될 거예요

목구멍의 힘

과거를 더듬거려 나를 읽는다

허송세월은
나를 앞세우려고 몽니를 부렸고
뱁새처럼 따라가느라고 있는 힘 다해 발버둥쳤다

이제 내게 무엇이 남아
이 빌어먹을
냉혹한 현실과 대적해야 하는가

눈뿌리 타들어 가도록
결심은 완고한데, 세상은 빠르게 달라진다

기댈 곁이 없다는 게 얼마나 황당한가

가는 길 캄캄해서 더 분명해지는 미로
시작과 끝이 함께 있다는 예감이, 나를 빙빙 돌게 한다

한낱 운명에도 이유는 있으리니
무수한 실패와 추락에 내성은 생기는 법

먹고 사는 일에 충실한 목구멍은
일상의 굴욕을 참아내는 버팀목이 아닌가

추억은, 흐르는 시간을 고정시킨 아픈 돌다리

빛은 어둠이 오기 전까지고 어둠도 빛이 오기 전까지
루프가 작동되는 동안

나는 입 다무는 법을 터득 중이다

일교차에 걸려든 감기

몸속에 무단침입한 통증에 대해
잠깐 고생하면 호전될 것이라고 생각했다

단서 없는 고열에 황당했지만
어차피 몸에 불이 날 거면 분노마저 활활 태우라고
부추기고 싶었다

평생 흘리는 눈물이 75리터라는 어느 통계에
눈물이 많지 않은 나는
붙임성 좋은 변명의 기회가 필요했다

여러 불확실한 내용에도 불구하고
통제받는 마트 제품들의 때깔에 각이 서 있다

한 단계 업그레이드된 외부의 熱이 들어왔을까

내게 病은 헤펐다

마트 창밖에 있는 의자에 앉아
어림잡아 눈대중으로 훑고 나면

온갖 종류의 상품이 가지런히 구비된 진열장 어디쯤
힘닿는 데까지 온도를 올리는 벽난로가 있을 것 같다

창고형 마트 통로가 비좁도록
일교차에 느긋한 물품들이 차곡차곡 쌓여있다

보는 것만으로 필요를 요구받는
쇼핑 바이러스는 내 몸속에 언제 침투한 것일까

속성으로 찾아온 재채기에 감기가 시작되었다

으스스 떨리는 오한은
낭패 보기 좋은 증세

콜록콜록 목구멍이 따끔거리기 시작했다

사라진 얼굴

모색하기 좋은 습관은 위험에 노출됩니다

말의 행간에서 돌려쓰기 하는 단어들은
알고 보면 명분이 부족해요

더 이상 기억 못 하는, 일종의 상상을 빼면
그리운 마음도 마스크 안에서 자동 삭제되죠

하얀 천으로 가려진 사람의 콧구멍이
우주의 숨구멍이란 것을 이제야 알았지 뭐예요

한결같이 얼굴 없는 이름만으로
배경을 모르는 사람과의 소통을 해야 하는 현실이 슬퍼요

본의 아니게 말하고 싶은 것만 말하면
제 딴의 인상에 신경 쓰지 않아도 됩니다

보이지 않는 입으로 대화를 이어가는 것은
소리 나지 않는 手語가 제격이죠

다녀간 뒷자리가 분위기의 균열 같아요
백 가지 표정을 마스크 안에 가두고 새로운 종으로
진화하고 있어요

몇 발짝 떨어져서 당신의 말과 몸짓을
가물거리는 눈빛으로 읽어내는 것이 쉽지 않아요

겉이 아니라 속이 궁금해지는 것은
들키고 싶은 마음의 눈을 뜨게 하기 때문이죠

지레짐작했던 예상이 마구 꼬였을 지난날은
처방전만 난무할 뿐, 면역에 대한 기대는
백신에 붙들려 있어요

마침내 모든 사람의 얼굴이 하나의 모습으로 통일됐습니다

한쪽으로 귀를 기울여도 좋다는 소문이 나돈 후
그쯤의 간격이면 혼잣말도 다정해 보여요

이제 윤리적인 편견은 각자의 선택입니다

장바구니

온라인 상품 구매가 서툰 나는
쇼핑몰 화면을 올렸다 내렸다를 반복한다

로켓배송의 속도를 기대하며
긴가민가 미심쩍은 내 감정이 시소를 타는 중에
배송완료 되었다는 문자가 들어온다

시대의 유물 같은 흥정과 셈법은 없는데
비대면으로 이루어진 보편화된 거래는
재촉하지 않아도 빠르게 흘려보내기 좋은 기분

다음 택배가 도착할 동안
빈 지갑을 지키는 후불 카드 하나 믿고
두고두고 후회할 충동구매는 멈추지 않는다

잠깐이라도 같이 있지 않으면 불안한
물류 창고 같은 휴대폰은
욕망의 허기를 채우는 이 시대의 판도라 상자

간편한 선택에는 간혹 치명적인 하자가 있어

구매에 신중하기를 당부하기도 하지만
그 외의 별다른 대비책은 아직 없다

나는 이미 외상에 중독된 멤버십 소비자
비어 있는 장바구니를 챙긴다

오늘도 즐거운 한때를 위해 놓쳐버린 주문이 있는지
필사적으로 상품 목록을 검색 중이다

어쩌자고 눈치코치

무슨 연유로 혀를 단속하지 못한 변명은
터무니없이 질기기만 한지, 어쩌자고

슬픔이
외로움이
하고 많은 근심이
엉뚱한 생각 사이를 휘젓는다

누가 쓰다만 눈총이 내 눈을 찌른다는 말
아무 상관도 없는 남의 일에 끼어들어
자기 말만 주장하는 덜떨어진 인간들

표정 사나운 간섭이 필요했을까
순간의 감정을 다른 기분으로 땜질해도
황당하고 냉정한 기류가 흘렀다

멋쩍은 본래의 심정마저
어쩌자고 자꾸 나를 빠져나가는지, 눈치코치 없이

꾹 참은 마음에 불쾌지수가 높아질 때

혀로 내두르는 험담은, 제 삐딱한 논리만을 거듭한다

나도 자발없이 이곳저곳을 기웃거렸다
나서지 말아야 할 곳에서 참견한 오지랖에
멱살 잡혀 내동댕이쳐지기도 했다

쓴맛을 봐야 비로소 인생을 안다는 말을 중얼거리다가
모르면 더 좋았을,
시시비비를 따지는 버릇이 내게 생겼다
반전이 도사린 관계 속을 배회했다

저들만의 해법이라도 되는 것처럼 눈치 없는 것들이,
어쩌자고
아무 계율도 없는 맹목 쪽으로 방향을 트는가

편애하는 몽상은 그 누구도 이해할 수 없는 태도
번식력이 강한 애매한 질문은 처세술의 한 방편일까

가끔 걷잡을 수 없이 호기심뿐인 느낌에 몰두한다

빗나가는 예감

막막이라는 처참한 느낌이 독백 같다

한때 빛이었을 어둠의 시간에서
분별없는 환상은 수없이 나를 관여했다

애당초 내 안에 헛것이 살고 있는지
보이지 않는 무엇에 멱살 잡혀 살았는지

방향 하나 제대로 잡지 못한 현실에서
그럴듯한 미래는 죽어 있었다

정해진 순서도 없는데
도착한 순간들은 즉시 과거가 되고
현실을 이해하는 나의 능력은 참혹했다

갈림길뿐인 인생을 짐작이나 했겠는가
필요 이상으로 눈물겨운 생존을 요구받았다

소비할 영혼을 흥정하듯
누가 곁눈질하지 않아도 공연히 서럽다

어디 쉬운 일이면 뜬눈으로 지낸 밤이 많았겠는가
단맛 쓴맛 다 삼켜냈으나 확신에 찬 어떤 것도 없었다
현란한 자본주의에 휘둘렸을까

물 위에 쓰는 글씨처럼 미세한 파동으로 내 생각이 떨렸다

야멸차게 끝까지 몰리다 보면
살 속에 선홍 핏물이 배어든다

친밀한 시행착오가 슬픔의 무덤이 되기도 했다

어제처럼 내일을 환히 읽을 수만 있다면
원칙을 외면하는 법을 먼저 터득했을 것이다

도대체 나를 거쳐간 행운이 있기나 했을까
전위의 촉수가 되어버린 막막함이
언제나 나를 뒤로 밀어낸다

골라 디딜 패착이 여전히 많이 남아 있더라도
모든 예상은 빗나가기 전까지 희망적이다

현타

비가 와도 젖지 않는
앉은뱅이저울의 바늘처럼 민감해졌다

적당히 속아주거나 눈 감아 주면
아무 일도 일어나지 않지만
어설픈 문장으로 꾸며진 이슈는 고민을 거듭하게 한다

마음 언저리를 맴돌면서
좀체 드러나지 않는 본색

어떤 순서의 처음인 어설픔에서 내가 버거웠을까

숙독하지 못한 꿈과 현실을 제어할 수 없어서
나는 무의미하게 해체되었다

생판 짐작도 못하거나
예측할 수 없는 변수조차 나를 철저히 무시했다

그까짓 마주하는 일상이야
우리의 공동지분이 아니겠는가

없는 듯 비켜서면 악몽에서 벗어날 수 있고
몇 발걸음 뒤로 물러나야 좌절을 명중할 수 있었다

세상의 운명에 나를 전부 신탁하면
꽃피는 청춘의 시절을 다시 맞이할 수는 있을까

도저히 이해 불가한 일에 붙잡힌 삶
아무런 결말도 내게 부합할 수 없어
현타가 찾아온 것이다

녹슬어도 민감한 저울의 바늘처럼 파르르 떨다
제자리로 돌아오면 그뿐

한방 크게 뒤통수를 두들겨 맞은 것 같은데
아침 햇살은 출구도 애매한
나의 망상에서 가뿐히 빠져나온다

안전하게 고립되는 마임

귀에서 입까지는 꽤 먼 거리

오른쪽으로 들어오는 말을 왼쪽으로 흘려버리면
잠깐이라도 엿듣지 않은 말은 버려진다

침묵으로 분리되기 전의 생각은
고전적 불협을 피하려고 내 속내를 먼저 다독인다

상반된 의미는 서로 다른 방향으로 진을 치고
즐거운 오해는 본래의 느낌으로 재구성한다

아무 일도 일어나지 않는 대본과 각색
한판 벌어질 사건에 대응하기 위해
구석으로 몰리던 속마음이 불쑥 솟는다

별 상관도 없는 것들이 클리셰를 이루고
탄성 잃은 상상은 불안해졌다

다음 장면에 휘둘리지 않기 위해
뒤바뀌는 상황에 몰두한다

방치된 단어들을 깨우면 높아지는 자각의 반응 속도
나와 교류하지 못하는 느낌은 어디로 잠입할까

무방비로 깊어지는 가상은 씻기지 않는 불안

이분할 수 없는 생각은 비약적으로 탈출을 모색한다

티브이 음소거를 누를 때처럼
귀에서 입으로 가기 전 가십 같은 침묵이 진을 친다

천지연폭포

땅의 최전선을 빠져나온
눈자위가 맑다

직벽을 오르내린 무른 뼈마디
난장에 꽃 피워 놓고 필사적으로 기도 현란

누가 뒤에서
등 떠미는 것도 아닌데
바다를 향해 곧바로 굽이친다

물빛에 가린 애환을
작렬하게 태워버리려는지
이 세상에 다시 없는 폭포를 이룬다

굽은 허리 곧게 펴 백록담을 끌어내리려고
끔찍하게 악착 떠는
물의 낙차

허구를 이해하는 방식으로 안도해버린
인생의 착지가 있었을까

산 채로 잡힌 샛별처럼
서둘러 눈 뜨는 천지

운명의 출구는 단 한 곳
모든 걸 비운 뒤에야 그럴듯한 길 하나 얻는다

투명한 밧줄로 저 먼 大洋을 잇는 몸짓
방울방울 별빛으로 매달린다

계단 노마드

제 몸을 직각으로 꺾고서야 자유로워진 높낮이

안대를 착용한 보행처럼 어떤 행동에도 위선은 없다

한 몸에 일정한 각을 둔 계단이 생기기 이전

마음껏 날아오르거나 활강하는 새의 고공이 아찔했을 것이다

꺾임은 일종의 종교 같은 것, 등허리를 내준 빈칸의 결합

도중하차 없이 끝닿는 곳은 내몰린 비상구 같았다

모든 체중을 받아내던 구두 굽은 내 안전이 기운 쪽으로 닳고

어딘가에 방치된 걸음걸이는 아직 뒤를 버리지 못했다는 증거가 아닐까

있어도 되고 없어서는 안 되는 그 적당한 각의 노마드

나는 삐걱거리는 무릎에 갇혀 당분간 두문불출을 완성한다

쉽게 내어주지 않는 마지막 지점은 허공이거나 땅속이다

당연히 올라가거나 내려오는 반환점에서

내가 처한 위치에 대해 의심해 본 적 없다

다만 엘리베이터의 편리함이 체질화될 무렵

계단 오르기는 최고의 운동법으로 손쉽게 자리매김했다

가장 무서운 사람은 죽을 때까지 걷는 사람이라는데

문명보다 훨씬 앞선 계단이 내 비대칭을 유지하고 있다

이제 너를 놓쳐도 되겠습니까

2025년 11월 25일 인쇄
2025년 11월 30일 발행

지은이 조선의

펴낸이 강경호   편집장 강나루   디자인 정찬애
펴낸곳 도서출판 시와사람
등록 1994년 6월 10일 제 05-01-0155호
주소 광주시 동구 양림로119번길 21-1(학동)
전화 (062)224-5319   E-mail jcapoet@hanmail.net

ISBN 978-89-5665-808-7   03810

값 12,000원

＊잘못된 책은 구입하신 서점에서 바꾸어 드립니다.
＊지은이와의 협의로 인지를 붙이지 않습니다.
＊이 책은 전라남도, (재)전라남도문화재단의 후원을 받아 발간되었습니다.

이 도서의 국립중앙도서관 출판예정도서목록(CIP)은
서지정보유통지원시스템 홈페이지(http://seoji.nl.go.kr)와
국가자료종합목록 구축시스템(http://kolis-net.nl.go.kr)에서
이용하실 수 있습니다.